Dados Internacionais de Catalogação na Publicação (CIP)
(Câmara Brasileira do Livro, SP, Brasil)

Sampaio, Pepita
     Aquarela / Pepita Sampaio ; ilustrado por Bruna Assis Brasil. – São Paulo :
Paulinas, 2016. – (Coleção estrela)

     ISBN 978-85-356-4070-0

     1. Literatura infantojuvenil I. Brasil, Bruna Assis. II. Título. III. Série.

16-00903   CDD-028.5

Índices para catálogo sistemático:

     1. Literatura infantil   028.5
     2. Literatura infantojuvenil   028.5

1ª edição – 2016

Direção-geral
Bernadete Boff

Editora responsável
Maria Goretti de Oliveira

Copidesque
Ana Cecília Mari

Coordenação de revisão
Marina Mendonça

Revisão
Mônica Elaine G. S. da Costa

Gerente de produção
Felício Calegaro Neto

Produção de arte
Manuel Rebelato Miramontes

Nenhuma parte desta obra pode ser reproduzida ou
transmitida por qualquer forma e/ou quaisquer meios
(eletrônico ou mecânico, incluindo fotocópia e gravação)
ou arquivada em qualquer sistema ou banco de dados
sem permissão escrita da Editora. Direitos reservados.

Paulinas
Rua Dona Inácia Uchoa, 62
04110-020 – São Paulo – SP (Brasil)
Tel.: (11) 2125-3500
http://www.paulinas.org.br – editora@paulinas.com.br
Telemarketing e SAC: 0800-7010081
© Pia Sociedade Filhas de São Paulo – São Paulo, 2016

PEPITA SAMPAIO

Aquarela

ILUSTRADO POR
BRUNA ASSIS BRASIL

NO BALANÇO

A menina balançava distraída, o olhar perdido nos próprios pés, no vaivém lento e preguiçoso do balanço de corda e madeira. Uma melodia à sombra da pitangueira baixa do quintal.

REC REC...   REC REC...   REC REC...

O corpo magrinho e leve acompanhava sem esforço o movimento, pernas esticadas subindo, pernas dobradas descendo, peso para trás na subida, peso para a frente na descida. Balanço para o alto, balanço para baixo. Pensamentos frouxos no ar.

ZUPPPPPPPT!

Os olhos piscaram, olharam adiante e acompanharam o voo do chinelo. Longe e alto. O corpo perdeu o ritmo do balanço.

Um som seco marcou o fim do voo. O chinelo caiu no chão, os olhos não acompanharam a aterrissagem.

Olhos vidrados. Balanço parado. Rec, rec no coração.

Uma vontade incontrolável de correr para o lugar que via ao longe. Crianças balançavam, corriam, brincavam. Muitas árvores, um parque, um lago!

Baixou os olhos e se viu no balanço. Precisou se esforçar muito para pôr-se de pé.

Primeiro, esticou as pernas e tocou o chão, um pé quente e outro gelado. As mãos correram pelas tranças da corda e pelas tranças do cabelo, uma áspera e outra macia. O vestido branco de pequenas margaridas murchas e amarelas amassado.

Um impulso, pernas bambas, gotejando esforço.

De pé, esticou o corpo para cima e para os lados. Dois saltinhos para acompanhar o coração. Os primeiros passos, curtos e demorados. Logo lembrou o ritmo e acelerou.

O chinelo voou mais longe do que imaginava. Andou, andou e andou. A grama verde úmida espetando os pensamentos. Finalmente chegou. O chinelo voador descansava a seus pés.

Mas o olhar perdeu-se mais uma vez adiante.

AS BRINCADEIRAS

O parque estava cheio àquela hora. O sol refletia o metal dos brinquedos, a água do pequeno lago, a alegria suada das crianças.

Só os adultos guardavam silêncio. Das crianças, risadas altas e largas.

O grupo de amigos se divertia nos brinquedos. Corria, sorria, gritava, brigava e começava tudo de novo milhares de vezes.

Do balanço para a gangorra, da gangorra para o escorrega, do escorrega para a roda, da roda para o quadrado de escalar, pique-esconde, pega-pega, uma corrida atrás dos patos, uma pedrinha atirada no lago...

Nem mesmo um tombo no meio do caminho era capaz de pará-los. Gargalhadas tontas no ar!

– Me empurra aqui!

– Já vou.

– Uuuuuuuuuuuu, tô tonta!

– Mais devagar. Chega de rodarrrrr!

– Já parei, já parei!

A menina tentou seguir adiante e alcançá-los. O nariz amassou e a testa estalou no toque da parede que os separava.

Uma, duas, três tentativas.

Investigou a superfície com a ponta dos dedos, depois com a mão, empurrou com o corpo inteiro, até perder as forças e o ânimo.

NADA!

A alegria das crianças no parque esticou as horas. Esperou o sol se pôr e silenciar a festa. Ali em pé, a água na boca secou e o desejo amargou. Estava cansada!

Voltou para o balanço, outra longa caminhada.

Os pensamentos balançaram sem fazer barulho, ela ficou parada.

CURIOSIDADE

Quando abriu os olhos novamente, olhou para cima e viu um céu de pontinhos brilhantes. Olhou para um lado e viu a pitangueira, linda, frondosa. Atrás ficava a casa branca de janelas e portas verdes e beirais vermelhos. Olhou para o outro lado, um riacho de águas claras.

Lá adiante o parque estava escuro.

Foi aí que a coisa complicou de novo. Tentou mexer a mão e não conseguiu, em seguida foram os braços, depois as pernas. Tentou saltar com as duas pernas... e nada! Foi tão embaraçoso se sentir presa, amarrada, colada que nem figura num papel.

Chegou a madrugada. No esforço de entender... adormeceu.

Despertou com o barulho lá de fora.

Agora, o céu azul mostrava o movimento do parque e das crianças novamente. Acordou decidida a se livrar daquela cola. Ou limpava o balanço ou trocava o vestido, mas ficar ali grudada é que não dava. Além do mais, tinha que descobrir uma forma de passar pela parede transparente.

Não foi fácil se soltar do balanço de corda. Com uma dança de estica e puxa, conseguiu. Ensaiou uma corrida em direção à parede e empurrou-a com a força do corpo e dos pensamentos. Nem era com ela, Dona Parede não se mexeu.

– Que parede dura, vou atravessá-la mesmo que seja a última coisa que eu faça!

Decidiu bater forte até quebrar um pedaço, quando ouviu um chiado zangado.

– Ei, menina, pare de me bater! Não está vendo que não pode passar por mim? Não tenho porta, nem maçaneta, janela, fresta ou furo. Não quebro, não abro e não derreto, não adianta ser grande ou pequena, tem que arranjar outro jeito.

A menina quase morreu de susto, dois passos para trás, um tropeço, caiu sentada na grama. Balbuciou desculpas e perguntou para Dona Parede por que estava presa ali.

– Como vou saber? Sou de vidro, mas não tenho bola de cristal para adivinhar as coisas. Só sei que não adianta insistir, por aqui você não passa... Eu não tenho porta nem janela para abrir. Pergunta para o seu Balanço, ele te carrega há tanto tempo, deve saber melhor que eu.

– O Balanço também fala?

– É claro, tontinha! É só perguntar e terá resposta. Você tem que falar primeiro, essa é a regra. O coitado já está até cansado de tanto tentar!

— Dona Parede, como faço para sair daqui, se não posso passar pela senhora? Tá vendo aquelas crianças lá fora? Eu quero tanto sair para brincar!

— Já disse que não posso ajudar, menina. Não tenho por onde deixar ninguém passar, mas, se quiser conversar, pode voltar. Eu conheço a turma do parque de olhos e ouvidos. Qualquer hora posso lhe contar tudo.

— Obrigada e desculpe por tentar quebrar a senhora. Vou voltar, sim, pelo menos até descobrir um jeito de ir até lá.

Deu meia-volta e correu em direção ao balanço. Os pés, mais soltos, pisavam firmes e a grama fazia cócegas e sorrisos no caminho.

PASSAGEM

Parou ao lado do Senhor Balanço de Corda, o olhar desconfiado.

Examinou-o com cuidado. Estava preso por duas cordas trançadas no galho mais grosso da pitangueira. A madeira do assento era bem lixada, guardava a cor da madeira crua com os veios e o tempo à mostra. Levantou-o para ver por baixo e descobriu o nome "Aquarela" gravado. Até que tomou coragem.

– Oi, Senhor Balanço. Machuquei o senhor com tanto estica e puxa? Não foi minha intenção. Só não entendo como fico tão presa!

– Olá, Aquarela, deixe o senhor de lado, que temos a mesma idade! Como é bom conversar com você! Não me machucou, mas, toda vez que tenta se soltar, fico com medo de que caia e, por isso, seguro firme. Quando quiser sair, é só avisar.

– Aquarela... É o meu nome! Dona Parede não me disse nada. Aliás, você sabe como faço para ir até o parque?

– Sinto muito, mas não sei o caminho. Pela Dona Parede sei que não é possível.

– Que pena! Achei que soubesse um jeito. Mas não vou desistir. Vou procurar em cada cantinho até encontrar um jeito. Será que nessa casa mora alguém? Quem sabe não encontro uma pista por lá!

– Não tenho visto ninguém além de você por aqui nos últimos tempos. Mas acho que vale entrar e descobrir.

Aquarela observou cada detalhe da casa a certa distância. Gostou da cor das paredes e do formato da porta. Achou o telhado um pouco torto, mas parecia à prova de chuva. Lá no fundo, atrás da casa, avistou outra parede, muito alta, e que não tinha como ser atravessada pelo olhar. Ali terminava a paisagem.

Teve a sensação de que conhecia aquele lugar, aquela casa. Olhou para Dona Parede de um lado e para a parede alta do fundo, um mundo miúdo entre duas paredes. Lembrou dos pais e, pela primeira vez, sentiu uma pontinha de saudade.

As janelas estavam fechadas, mas a porta parecia só encostada, uma frestinha aberta.

Nesse momento, Aquarela teve uma ideia de estalo. Será que a passagem que ela precisava não estava na casa? Num impulso, correu para a porta. Olhou para o Balanço, que num aceno lhe transmitiu segurança.

A CASA

Aquarela segurou as duas tranças negras que lhe desciam pelos ombros. Pé ante pé, entrou na casa que mesmo vazia estava arrumada e limpa. Olhou ao redor. Sem coragem, sentou no sofá.

Depois que se acalmou, foi explorar os pequenos e poucos cômodos. A sala tinha paredes claras, um sofá verde e duas poltronas amarelas. Havia também uma mesa com três cadeiras que estava arrumada para o jantar. Nas paredes, fotos nas quais Aquarela se reconheceu nas tranças negras de sua mãe e nos olhos de seu pai. Tocou seu próprio rosto tentando recordar um carinho distante. Em outras fotos, aparecia brincando no quintal com os pais ou no Balanço de Corda. Todos sorrindo.

A cozinha era pequenina: um fogão, uma geladeira e uma coleção de pinguins sobre a janela da pia.

Dois quartos. No primeiro, uma cama de casal e armário simples, paredes de um verde suave e fotos do casamento dos pais na cabeceira. No outro, uma cama pequena, as paredes rosa, livros na estante, bonecas sobre a colcha.

Sentou com o peso das perguntas. A cama era macia, o lençol sedoso: um convite ao descanso. Mas criou forças e investigou todos os cantos em busca de pistas.

Primeiro correu para o quarto verde e abriu os armários. As roupas continuavam ali, os sapatos na prateleira de baixo.

Na cozinha, olhou embaixo da pia, no bule de café, na geladeira. Examinou todos os pinguins, um de cada vez. Nenhuma pista.

Na sala, vasculhou embaixo dos tapetes, dentro das gavetas e dos vasos, atrás dos quadros das paredes. Apalpou as almofadas do sofá e o relógio de parede antigo que marcava sempre a mesma hora. Não achou novidade.

    Saiu da casa e deu a volta, uma porta na frente, uma janela em cada cômodo e margaridas ao redor, iguais às de seu vestido. Correu até a parede alta lá do fundo. Tocou-a, apalpou-a, apertou-a com cuidado para não machucá-la nem ofendê-la e, antes disso, puxou assunto. Mas ou essa parede era muda ou não queria papo.

    Gastou o dia nessa investigação completa, não encontrando pista de como chegar ao parque... Voltou para dentro de casa e dormiu longe do Balanço de Corda.

PINTURA

— Balanço, sabe o que eu reparei? Aqui todo dia é igual, nada muda de lugar, nenhuma margarida murcha, não tem vento nem calor, não chove nem faz frio. Não acontece nada diferente e não tem ninguém para brincar e correr comigo. Já passou um tempão desde que meu chinelo voou longe, e eu não sinto fome nem cansaço.

— Se você está dizendo que é um mistério, eu acredito, mas nunca parei para pensar nisso. Gosto das coisas nos mesmos lugares. Só percebo uma coisa diferente: às vezes, as árvores, os objetos, a casa e até nós perdemos um pouco o colorido, ficamos desbotados, com os traços aguados. Só isso.

— Mas você não acha chato ficar aqui parado sem nada diferente para acontecer, feito uma pintura?

— Aquarela, eu sou um balanço, nasci para ficar preso na pitangueira e no máximo balançar para cima e para baixo. Não tenho vontade de mudar nem de ir para outro lugar.

— E se eu for embora, você não vai ficar triste?

— Triste eu vou ficar. Mas, se não tiver outro jeito, espero que não se esqueça de mim.

— Bem, ainda não descobri uma passagem. Mas, se eu descobrir o caminho de ida, vou querer saber o caminho de volta só para vir balançar em você.

O Balanço sorriu num movimento suave e Aquarela ouviu os gritos da criançada brincando no parque. Resolveu ir até a Dona Parede e conversar um pouco.

— Bom-dia, Dona Parede, tudo bem?

—Ah, é você, menina! Estou mais ou menos. Sabe, acho que estou cansada de manter a transparência, às vezes tenho vontade de mudar só para colorir meu dia. Mas não posso, então fico só admirando as cores lá de fora.

– Ser transparente tem suas vantagens, a senhora não acha? A senhora parece sempre limpa e brilhante, pode enxergar os dois lados, o parque com as crianças e nosso quintal, e o melhor de tudo, pode pregar muitas peças em desavisados como eu, que quase quebrei o nariz antes de conhecê-la melhor.

– Pode ser, não sei bem, mas por ora gostei da sua conversa. Olha lá no parque, está vendo aquele grupo de crianças? Elas vêm todos os dias brincar, menos quando chove canivetes. Pelo menos foi o que ouvi delas outro dia. Eu nunca vi chover canivetes, mas agora presto mais atenção.

– Elas parecem se divertir tanto, não é? A senhora sabe o nome delas?

– Sei, sim. Aquele menino de cabelo vermelho chama-se Chico, é o maior de todos e sempre sugere as brincadeiras. O outro menino, moreno e magrinho, chama-se João e é irmão de Maria, eles se parecem bastante, se você reparar bem. E as duas outras meninas são Clara, de cabelos amarelos, e Bebel, de cabelos curtinhos. É uma turma do barulho. Tem dias que eu queria ser surda só para não escutar os gritos e a confusão. Mas, quando eles não aparecem, sinto uma falta!

– Eles estão brincando de quê?

– É uma brincadeira chamada bandeirinha. Está vendo que tem um galho em cada ponta dentro de um círculo, e um risco no meio do campinho de terra? Metade do grupo fica de um lado, a outra metade do outro. Ganha quem atravessar o campo do outro, pegar a bandeira-galho e voltar são e salvo, sem ser tocado por ninguém do time adversário. Entendeu?

– Que legal! Parece muito divertido, pena que não posso brincar. A senhora acha que, se eu gritar alto, eles conseguem me escutar daqui?

– Não sei, mas você pode tentar... Já tapei os ouvidos.

Aquarela gritou até ficar rouca, chamou todas as crianças pelo nome, pediu que olhassem para ela. Tudo em vão, nem piscaram. Chateada demais para continuar a conversa, despediu-se de Dona Parede e voltou para casa.

TELEFONE

Passou seu tempo dividida entre cuidar da casa, explorar o quintal, subir no Balanço e observar as crianças brincando lá longe no parque.

Nada mudou por muito tempo. Para não dizer nada, nadinha... Percebeu as cores desbotando um pouco a seu redor, como o Balanço disse que acontecia. Mas não deu muita atenção, achou que podia ser o cansaço dos olhos ou a tristeza roubando o colorido das coisas.

Um dia, estava sentada na beira do lago com os pés brincando de espalhar água para todo lado, quando...

TRIMMM...TRIMMM...TRIMMM...

Primeiro não prestou atenção, não era um som conhecido.

TRIMMM...TRIMMM...TRIMMM...

Ela apurou os ouvidos, parou o sacolejar dos pés e notou que vinha de dentro de casa. Deu um salto na esperança de uma boa surpresa e saiu correndo. Escorregou na entrada e salpicou todo o tapete de lama. Por um momento, ficou parada tentando identificar de onde vinha o som.

O TELEFONE!

Como não tinha reparado antes que havia um telefone sobre a mesa de canto?! Um desses bem antigos, pretos, grandes e pesados. Daqueles em que o indicador encaixa na bolinha e roda cada número, como se desse uma volta completa numa roda-gigante, com um barulhinho de fazer cócegas no ouvido.

Pegou o fone com a mão tremendo, mas só ouviu longe, cada vez mais fraco...

TUM...TUM...TUM...TUM...TUM...TUM...TUM...

Colocou o fone no gancho e ficou olhando, esperando que tocasse novamente ou que acontecesse algum milagre.

Nada.

Pegou novamente o fone e tentou discar alguns números, fez as combinações possíveis, até o indicador avermelhar e reclamar. Do outro lado, um silêncio ruidoso. Ficou sentada no sofá, de prontidão, mas no fim voltou para o quintal.

O Balanço só se lembrou de ter ouvido o telefone tocar antes uma vez. Desse dia em diante, Aquarela ficou alerta e mais próxima da casa. Quando se afastava para conversar com Dona Parede, não demorava, mesmo que a brincadeira do parque estivesse divertida. E olha que cada dia aprendia uma novidade com a turma.

LUZ NO TÚNEL

Num dia pela manhã, Aquarela acordava e ainda espreguiçava na cama, quando ouviu um som que já não lhe era mais estranho. Demorou ainda uns segundos para entender que o telefone estava tocando novamente.

TRIMMM... TRIMMM... TRIMMM...

Pulou da cama e saiu do quarto correndo, tropeçou no pé da mesa, mas conseguiu agarrar o fone no meio do caminho para o chão.

– Alô?

– Aquarelaaaaa... Aquarelaaaaa...

TUM... TUM... TUM... TUM... TUM... TUM... TUM...

De repente, tudo ficou estranho, a voz dos pais entrou no seu ouvido direito, atravessou até o outro lado e ecoou. Ecoou cada vez mais alto, tomou conta da sua cabeça e do seu corpo inteirinho.

Sentiu uma sensação esquisita, parecia flutuar, a cabeça foi ficando pesada, apertada, espremida. Depois foram os braços, a barriga e, por fim, as pernas. Não sentiu mais o chão. Ouviu apenas um ruído no ar.

Quando olhou ao redor mais uma vez, a sala não estava mais lá. Escorregou para dentro do fio estreito e preto do telefone, numa espiral sem fim. Rodou, rodou e rodou.

Tinha um nó no peito, um grito preso na garganta e medo. Não conseguiu ver nada pelo caminho. Quando esbarrava no túnel, sentia apenas um toque macio e frio.

Finalmente, percebeu adiante uma luz. O túnel ficou reto de repente e não avistava o fim.

– Aquarelaaaaa... Aquarelaaaaa...

TRIMMM... TRIMMM... TRIMMM...

MMMMMMMMMMMMMMiiiiMMM

WWIIIIIMM

RRRiiiiMMMMMWWMMMMMMiiiRRRR

RRRiiiiMMMMM

TRRRRRiiiM

AQUI E AGORA

Aquarela acordou e deu um salto da cama de fazer o coração sair pela boca. E ele quase saiu, foi preciso que ela engolisse o susto. O som parou e ela olhou pela janela. Era dia. No parque começavam a chegar as primeiras crianças para brincar.

Percebeu que as margaridas da camisola estavam amarelas e vivas. Reconheceu o quarto de parede rosa que tinha um quadro em frente à janela que dava para o parque.

Parou em frente ao quadro e reconheceu de canto de olho a paisagem em aquarela.

Prestou atenção no lado de fora.

Distraiu-se vendo as crianças. A turma já estava toda lá: Chico organizando a brincadeira, João e Maria discutindo alguma coisa sobre quem começaria, Clara e Bebel esperando pacientemente. Sorriu para eles sem muita esperança e viu que olharam para a janela.

– Uau! Será impressão minha ou eles me viram. Será!?

TOC...TOC...TOC...

Outro susto! Ao abrir a porta, quase caiu dura. O pai e a mãe estavam em pé diante dela. Ficou muda, estátua. Esfregou os olhos para descobrir se estava mesmo acordada.

– Bom-dia, querida, venha tomar seu café – disse a mãe, e lhe deu um beijo na testa.

– Hoje é sábado, Aquarela, pode ir brincar no parque com seus amigos, mas tem que se apressar, porque vamos almoçar com a vovó... Sairemos às 11 horas. Dormiu bem, mocinha? Está um pouco pálida. Vamos para o café que você acorda de uma vez e melhora.

O pai apertou-lhe as bochechas e puxou a "estátua" para a sala; então, sentaram à mesa como num novo dia qualquer.

REENCONTRO

Acabou o café e voltou para o quarto. Parou diante da janela e ouviu:

– Aquarela, vem brincar com a gente. Vem logo!

Voltou os olhos para o quadro: a casa branca, de portas e janelas verdes e beirais vermelhos. O Balanço de Corda pendurado na pitangueira baixa do quintal. O riacho de águas claras, as margaridas iguais às do seu pijama. Aproximou os dedos e tocou Dona Parede, transparente, de vidro. Mas ela não falou. No Balanço, uma menina parecia subir e descer, num rec, rec sem barulho.

Piscou forte, despistando a confusão e mandando o sonho e o sono embora de vez.

Trocou a roupa por uma do armário e correu para o parque. Se divertiu nos brinquedos. Correu, sorriu, gritou, brigou e começou tudo de novo milhares de vezes. Do Balanço para a gangorra, da gangorra para o escorrega, do escorrega para a roda, da roda para o quadrado de escalar, pique-esconde, pega-pega, uma corrida atrás dos patos, uma pedrinha atirada no lago.

Nem mesmo um tombo no meio do caminho foi capaz de fazê-la parar.

Parou quando os pais a chamaram, já no carro, para visitar a avó no sítio. Entrou no carro, beijou e abraçou os pais, como se estivessem se vendo depois de um ano longe. Seguiram para a cidade vizinha, para a casa da vó Maricota.

O carro se aproximou da primeira porteira e Aquarela espichou bem o pescoço.

Na segunda porteira, já dava para ver a pitangueira em frente à casa. O carro parou e ela desceu em frente ao portão, a casa branca tinha o telhado torto e era grande, bem grande.

Ao lado, o riacho brindava os ouvidos com um barulhinho bom e convidava a um mergulho.

A porta da casa abriu e vó Maricota apareceu com um bolo de fubá na mão. Aquarela aproveitou o almoço. Depois, puxou o pai para o quintal.

Começaram a trabalhar: trança aqui, bate lá, prego assim, prego assado, nós bem apertados... Pronto! A saudade do amigo Balanço chegou ao fim.

O corpo magrinho e leve acompanhava sem esforço o movimento, pernas esticadas subindo, pernas dobradas descendo, peso para trás na subida, peso para a frente na descida. Balanço para o alto, balanço para baixo.

Aquarela voltou a sonhar.

Pepita Sampaio

Sou carioca de coração, mas nasci cabofriense e apaixonada pelo mar. Sou dentista e trabalho como professora universitária e ortodontista clínica. Mas minha paixão desde pequena é a literatura. Adoro ler, contar histórias e escrevê-las. Para fortalecer esses laços, com a palavra e a escrita participo da Oficina de escrita e produção de Literatura Infantil na Estação das Letras desde 2010.

Fui finalista do Prêmio UFF de Literatura 2011, na categoria conto. Participei do livro *Depois do silêncio*, em homenagem ao autor Bartolomeu Campos de Queirós, publicado em 2013. E em 2015, participei da antologia *Mapas literários: um Rio de histórias*, com o conto "Entre o Leme e a Babilônia", e publiquei o meu primeiro livro infantil, *Engolidor de espelhos*.

Bruna Assis Brasil

Me apaixonei pelos livros logo na infância. Vivia criando, desenhando minhas próprias histórias. Foi desse jeito que percebi que eram as ilustrações que mais me encantavam. E, assim, depois de terminar os cursos de Jornalismo e Design Gráfico, decidi me tornar ilustradora. Hoje, sou pós-graduada em ilustração criativa pela Escola de Disseny i Art de Barcelona e tenho dezenas de livros publicados.

Em 2012, recebi o prêmio 30 Melhores Livros Infantis do Ano, da revista *Crescer*. No ano seguinte, fui indicada ao Prêmio Jabuti, na categoria Ilustração.

Conheça outros trabalhos meus em: brunaassisbrasil.com.br